Balkenkind wird Schulkind

Sabine Brömmer

Balkenkind wird Schulkind

Balkenkind wird Schulkind

Sabine Brömmer

<u>**Vorwort**</u>

Das Leben ist eine Reise.

Eine Reise ins Unbekannte. Man weiß nie, welche Menschen einem auf dem Weg begegnen, welche Abenteuer, welche Herausforderungen. Wird man sie bestehen? Wird man daran wachsen? Oder wird man scheitern?

Wenn man ein Kind erwartet, dem schon vor seiner Geburt eine schwerwiegende Diagnose gestellt wurde, das möglicherweise, und ich zitiere einen unserer Ärzte, "schwere kognitive und motorische Beeinträchtigungen" haben wird, also schwere körperliche und geistige Behinderungen, dann ist diese Reise ins Unbekannte noch viel spannender als unter normalen Umständen.

Jeder Tag wirft neue Fragen auf, gerade zu Beginn dieser Reise. Viele dieser Fragen kann nur die Zeit beantworten. Sehr oft nicht am selben Tag. Auch nicht in derselben Woche. Viele dieser Fragen nach der Entwicklung des Kindes werden erst nach Jahren beantwortet. Erst dann weiß man als Mutter und Vater, ob das eigene Kind bestimmte Entwicklungsschritte geht oder nicht. Man lernt, sich in Geduld zu üben, das Warten auszuhalten, sich nicht mehr vorschnell Sorgen zu machen und sich Hilfe zu holen, wenn man es doch einmal tut. Man erfährt, wie groß die Bandbreite dessen ist, was unter "normaler Entwicklung" bei gesunden Kindern verstanden wird. Und dass das Gras auch nicht schneller wächst, wenn man daran zieht.

Auf dieser Reise mit unserem Balkenkind befinden wir uns inzwischen seit über zehn Jahren.

Ich möchte Sie, liebe Leser, liebe Leserinnen, liebe Mütter und Väter, liebe Freunde, Verwandte, Unterstützer und Begleiter betroffener Eltern einladen, mein Balkenkind und uns als seine Eltern ein weiteres Stück auf seiner Reise zu begleiten.

Sabine Brömmer

1 - Neuanfang

Kurz nach Jans zweitem Geburtstag stand für unsere ganze Familie ein Umbruch ins Haus.

Wir zogen aus dem Süden Deutschlands, wo Jan und Marie geboren worden waren, zurück dahin, wo unsere große Tochter zur Welt gekommen war, in den Westen des Landes, an den Rhein. Mit dem Gedanken an einen Umzug hatten wir uns schon länger getragen, und die anstehende Einschulung unseres ältesten Kindes hatte die Entscheidung schließlich akut gemacht. Einen Schulwechsel während der Grundschulzeit wollten wir ihr ersparen.

Die Suche nach einem Haus in unserer neuen alten Heimat gestaltete sich ein wenig kompliziert. Unsere Bedürfnisse, unsere Wünsche und unsere Möglichkeiten mussten unter einen Hut gebracht werden. Doch schließlich hatten wir das Passende gefunden. Das Haus hat einen wirklich großen Garten, eine schöne Terrasse und vor allem einen dort eingelassenen Springbrunnen.

Nachdem wir fündig geworden waren, fuhren wir mit der ganzen Familie ins Rheinland, um den Kindern ihr neues

Zuhause zu zeigen.

Jan war sofort fasziniert. Der Garten mit den vielen Hecken, einigen Baumgruppen, all den Winkeln und Ecken, die es zu entdecken gab, war ganz nach seinem Geschmack. Am meisten jedoch begeisterte ihn unser kleiner Springbrunnen. Jan kletterte auf die Abdeckplatte, aus der die durchaus beachtliche Fontäne sprudelt, hielt die Hände in den Wasserstrahl und war nach kürzester Zeit patschnass.

Einige Monate später fuhren wir erneut an den Rhein, um die Formalitäten des Kaufs zu erledigen. Die Kinder waren wieder mit dabei. Sobald die Tür zu unserem neuen Haus aufging, stürmte Jan hinein, durch den Flur und das Arbeitszimmer hinaus auf die Terrasse und zum Springbrunnen. Er hatte sich nicht nur gemerkt, dass es hier einen Brunnen gab, sondern auch den Weg dahin.

Im Sommer schließlich zogen wir um, und nach den Ferien begann für unsere große Tochter die Schule. Jan und Marie hatten wir in einer örtlichen Kindertagesstätte angemeldet, die sie nach der üblichen Eingewöhnungszeit als Ganztagskinder besuchten. Das heißt, sie wurden zwischen drei und vier Uhr nachmittags abgeholt.

Selbstverständlich haben wir die Erzieherinnen nicht über Jans vorgeburtliche Diagnose informiert, so wie wir schon in Schwaben den Kreis der Eingeweihten auf den Kinderarzt begrenzt hatten. Der neue Kinderarzt am neuen Wohnort allerdings gehört nicht zu diesem Kreis. Jans so vollkommen unproblematische, absolut zeitgerechte, ja oft optimale Entwicklung hatte uns, insbesondere mir, genug Vertrauen gegeben, um die Information über die mögliche Balkenagenesie für mich zu behalten. Einmal mehr waren wir unserer schwäbischen Hebamme dankbar, die uns zu einem unverdächtigen gelben Untersuchungsheft verholfen hatte.

Die Eingewöhnung unserer beiden jüngeren Kinder in der Kita gestaltete sich problemlos. Sie fühlten sich wohl, fanden sehr schnell Anschluss und wurden liebevoll betreut. Das schloss gelegentliche Meinungsverschiedenheiten zwischen den Erzieherinnen und mir nicht aus.

Ich hatte mit meinen beiden Mädchen die Erfahrung gemacht, dass Kinder ihr jeweils eigenes Entwicklungstempo haben. Dass es nichts bringt, eine Zweijährige ohne Windel laufen zu lassen, damit sie lernt, sich zu melden, wenn sie aufs Töpfchen muss. Natürlich haben sich die Mädchen gemeldet - nachdem sie eingepullert hatten, gern auch auf den Boden oder den Teppich. Nachdem sie die nötige Reife erlangt hatten, wurden sie sauber, wie alle Kinder.

Thema in den Kitas, die unsere Kinder besuchten, war immer wieder das Trinken aus dem Becher. Den Kindern sollte die Flasche abgewöhnt werden. Das ging so weit, dass meine Älteste während der Stunden in der schwäbischen Kita so gut wie nichts trank. Ich versuchte dann, sie so früh wie möglich abzuholen, und drückte ihr, sobald sie im Auto angeschnallt war, eine große Flasche in die Hand, die sie in einem Zug leer trank. Meist trank sie noch eine weitere große Flasche, wenn wir zu Hause waren.

Hier am Rhein waren die Methoden nicht ganz so rigoros. Marie war zum Zeitpunkt des Umzugs vier Jahre alt und trank problemlos aus dem Becher. Jan allerdings bekam von mir drei bis vier große Flaschen mit seiner speziellen Fencheltee - Apfelsaft - Mischung mit in die Kita und durfte sie auch trinken. Er war noch ein Flaschenkind.

Das Flaschetrinken gehörte zu den für ihn so wichtigen

Kuschelritualen.

Dieses und einige weitere Rituale, die wir zum Teil schon in Schwaben praktiziert hatten, gaben unserem Jüngsten in dieser Zeit der Umstellung und des Neuen Sicherheit, die Sicherheit des Bekannten, Gewohnten und Geliebten.

2 - Rituale

Neben dem Abendritual war das Flaschenritual das wohl wichtigste für meinen Zwerg.

Wenn er Durst hatte, kam er mit der leeren Flasche zu mir und sagte mir, mit knapp zwei Jahren dann schon in einem vollständigen Satz: "Mama, ich mag eine Flasche."

Dann folgte er mir in die Küche, passte auf, dass ich alles richtig machte, und dann machten wir es uns auf dem Sofa bequem. Jan krabbelte auf meinen Bauch, legte sich auf den Rücken, parkte seine Füßchen in meinen Händen und trank genüsslich seine Flasche, während ich ihm die Füße streichelte. Hatte er ausgetrunken, zog er die Flasche heraus, drückte sie mir in die Hand, sprang auf und spielte weiter.

Auch abends hatten sich gewisse Abläufe eingespielt, die es uns und den Kindern leichter machten, zur Ruhe zu kommen.

Als Jan noch ein Baby war, trug ich ihn im Zimmer herum, bis er eingeschlafen war, und legte ihn dann ganz vorsichtig in seine Wiege, später in sein Bettchen. Meist klappte das auch sehr gut. Er schlief weiter und meldete sich erst wieder, wenn er Hunger hatte.

Als er etwas älter war, sang ich ihm beim Herumtragen ein Schlaflied vor, gern auch ein Quatschlied. Dann bekam er seinen Schnuller, ich legte ihn ins Bett und er schlief allein ein. Dabei half ihm die Anwesenheit seiner großen Schwestern.

Auch am Rhein schliefen die Kinder weiterhin in einem Zimmer in getrennten Betten.

Allerdings tat sich Jan schwer mit dem Schlafen im neuen Haus. Sehr oft wachte er nachts schreiend auf und rief nach mir. Ich konnte ihn oft beruhigen, aber es gab Nächte, in denen er drei oder viermal schrie und völlig außer sich war. Um mir zu erzählen, warum er so weinen musste, war er noch zu klein. Wenn ich einige dieser für mich fast durchwachten Nächte hinter mir hatte, holte ich ihn schon beim ersten Schreien zu mir ins Bett auf die Besucherritze. Dann umklammerte er mit seiner kleinen Hand meinen Daumen, oder ich hielt seine Hand in meiner, und wir schliefen beide bis zum Weckerklingeln.

Als er groß genug war, um nicht mehr im Schlafsack zu schlafen, rückten wir die - normal großen - Betten der Mädchen zusammen und an eine Wand und ließen die drei Kinder gemeinsam darin schlafen. Das sorgte zwar anfangs dafür, dass abends noch lange Gedöns, wie man hier so schön sagt, aus dem Kinderzimmer zu hören war, aber auch das spielte sich ein.

Wenn wir Glück hatten, waren unsere Jüngsten auch schon beim abendlichen Vorlesen eingeschlafen, ein weiteres Ritual, das wir praktizierten, sobald unsere Erstgeborene alt genug zum Zuhören war. Auch hier krabbelte Jan dicht an mich heran und steckte seine Füße in meine Hände, damit ich sie streichele. Dabei schlief er dann doch oft ein. Nach richtig anstrengenden Tagen ich allerdings auch, ganz ohne Füße kuscheln.

Und während früher die Herausforderung darin bestanden hatte, den Kleinen ins Bett zu legen, ohne dass er wieder aufwachte, bestand sie jetzt darin, mich aus seinem Bett zu schälen, bevor ich selbst richtig eingeschlafen war.

3 - Vom Wort zum Satz

Die Entwicklung der Sprache eines Kindes ist *das* offensichtliche Zeichen für die Entwicklung seines Geistes, seines Intellekts.

Natürlich gibt es Kinder, die sehr spät anfangen zu sprechen und zu völlig normal entwickelten Erwachsenen heranwachsen. Dennoch sind Auffälligkeiten und Verzögerungen in der Sprachentwicklung immer ein Alarmzeichen und werden kinderärztlich abgeklärt, um sie gegebenenfalls mit gezielten therapeutischen Maßnahmen beheben zu können. Unsere Kita hier am Rhein hatte mehrmals pro Woche sprachtherapeutische Stunden für Kinder, die hier Unterstützung brauchten.

Ich kann mich bis heute an den Moment erinnern, als mein "kognitiv schwer beeinträchtigter" kleiner Junge mit ziemlich genau acht Monaten sein erstes "dadadada" sagte. Mit genau diesen Silben hatten auch meine Mädchen ihre Reise in die Welt der Wörter und Sätze begonnen.

Während meine große Tochter in ihren ersten zwei bis drei

Jahren sprachlich immer normal, aber nicht herausragend entwickelt war, ein Zustand, den ich mir bei dem pubertierenden Teenager, der sie heute ist, manchmal zurück wünsche, war meine zweite Tochter, wahrscheinlich dank ihrer großen Schwester, deutlich schneller beim Erwerb der Sprache.

Beide Mädchen unterstützten mich mit ihrer so typisch weiblichen Gesprächigkeit kräftig darin, ihrem kleinen Bruder Wörter und deren Bedeutung zu vermitteln.

Sobald er alt genug war, allein sitzen und dann auch poporutschen und krabbeln konnte, spielten sie hingebungsvoll mit ihm, unterhielten sich mit ihm, zeigten und erklärten ihm Spielzeuge und Bilderbücher und plapperten unaufhörlich, miteinander und mit ihm.

Mit diesem Verhalten waren sie mir oft eine große Hilfe, allerdings nicht immer.

Als ihr kleiner Bruder ungefähr anderthalb Jahre alt war, machten sie es sich an einem kalten Winternachmittag zur Aufgabe, ihm das Wort "Scheiße" beizubringen, ein Wort, das sie aus der Kita mitgebracht hatten. Der Erfolg kam blitzschnell, schneller als ich es unterbinden konnte, und war durchschlagend. Alle meine Versuche, den fröhlich und unablässig das Sch - Wort rufenden kleinen Mann auszubremsen, waren zum Scheitern verurteilt. Er hatte einen Riesenspaß, und seine Schwestern, die ihn erst auf die Idee gebracht hatten, auch.

Deutlich weniger lustig war ein Vorfall ein dreiviertel Jahr später, als er den Satz "Du bist ein Arschloch.", den unsere Große aus dem Kindergarten mitgebracht hatte, einer seiner Omas präsentierte. Überhaupt waren wir Eltern zum Teil erschüttert über den Ton, den die Kinder selbst in der schwäbischen Provinz untereinander anschlugen.

Der Vorfall zeigte aber auch sehr eindrücklich, dass Kinder das Sprechen über das Nachahmen und Imitieren erlernen. Dabei lernen sie die richtige Anwendung, hier wohl besser Vermeidung, der Wörter und Sätze meist erst in einem zweiten Schritt.

Ich denke, alle Eltern können sich an Unterhaltungen mit ihrem Kleinkind erinnern, die auf Seiten des Kindes einfach nur aus Wörtern bestanden, die das Kind schon gelernt hatte, ohne dass diese Wörter unbedingt in den Kontext des Gesprächs gepasst hätten.

Mein Balkenkind führte kurz vor seinem zweiten

Geburtstag gerne Unterhaltungen, die auf seiner Seite nur aus "Alles klar!" bestanden. Er imitierte jedoch wie ein Weltmeister, und das auch oft in fast richtigen Zusammenhängen. Besonders unterhaltsam war es, wenn seine größere Schwester den Po gewischt bekommen wollte und dazu "Ich bin fertig!" durch die offene Toilettentür rief und Jan, als klassisches Mama-Echo, "Ich komme." zurück rief. Hatte er etwas angestellt, sagte er "Ach Jan!" und traf meinen Tonfall dabei so genau, dass ich lachen musste. "Hey, ja sag mal!" war dann schon etwas fortgeschrittener. Auch bei "Hallo Schatz!" und "Grüß Gott!" war das mütterliche Original unverkennbar.

Er liebte Bob, den Baumeister und die Biene Maja. Ziemlich bald fiel uns auf, dass Jan die Texte teilweise mitsprach. Die einzelnen Filmchen werden ja oft wiederholt, und Jan hatte sich einzelne Passagen gemerkt. Das Gleiche galt für einige Texte aus seinen Kinderbüchern, besonders, wenn diese in Reimform verfasst waren.

So wunderbar, so vielversprechend, so eigentlich beruhigend all diese Fortschritte auch waren, so hatte er doch nach seinem zweiten Geburtstag eine Phase, in der er grundsätzlich das wiederholte, was man ihm gesagt oder ihn gefragt hatte. Er gab keine Antworten auf Fragen, sondern wiederholte die Frage. Er reagierte nicht auf Aufforderungen oder Bitten, sondern wiederholte sie. Erzählte man ihm etwas, wiederholte er auch das. Eines Abends schlug diese ausgeprägte Echolalie dann über mir zusammen. Wäre jetzt der Zeitpunkt gekommen, an dem Jans Entwicklung zu einem ganz normalen gesunden kleinen Jungen endete? Würde sich eine geistige Behinderung zeigen? Echolalie wird zum Beispiel mit Autismus in Zusammenhang gebracht.

Bevor meine Angst die Oberhand gewinnen konnte, erinnerte ich mich an die ausführliche genetische Diagnostik, die wir im Zuge von Jans Fruchtwasseruntersuchung hatten machen lassen. Da Autismus genetisch nachweisbar ist, wir aber ein nachgewiesenermaßen genetisch gesundes Kind hatten, beruhigte ich mich.

Allerdings las ich mit meinem Jungen, und nur mit ihm, damit die Mädchen nicht vorsagen konnten, dann gezielt Kinderbücher. Ich ließ ihn die Bilder beschreiben und bestand auch darauf, dass er mir erzählte, wen und was er sah, statt nur meine Frage zu wiederholen. Auch beim Spielen und beim Spazierengehen ließ ich mir immer wieder von ihm erzählen, was er gerade machte und was er sah. Ich versuchte ganz gezielt, ihn in Gespräche zu verwickeln.

Ob es etwas an der Entwicklung änderte oder beschleunigte, ob mein Ziehen am Gras dessen Wachstum beschleunigte, kann ich nicht sagen.

Zu meiner unendlichen Beruhigung stellte ich aber nur kurze Zeit später fest, dass mein Zwerg immer weniger und schließlich so gut wie gar nicht mehr echote. Er unterhielt sich mit mir, sprach in ganzen sinnvollen Sätzen, deutlich besser als seine älteste Schwester mit zweieinhalb Jahren, und bescherte mir mein persönliches Weihnachtsgeschenk, indem er mir mit Hilfe eines Bilderbuches die Geschichte vom "Beihnachtsmann" erzählte, vom Mond und den Sternen und dem großen Sack, vom Beihnachtsmann auf dem Dach und im Haus.

Von diesem Zeitpunkt entwickelte sich die Sprache unseres Jungen in großen Schritten. Schon wenige Wochen später sprach er mehrere zusammenhängende und sowohl inhaltlich als auch sprachlich richtige Sätze am Stück und erklärte uns sehr genau, was er möchte und was er nicht möchte. Seine Schwestern brachten ihm nicht nur weiter Schätze bei wie "Du bist eine Sau!", sondern auch das richtige Zählen bis in den Zehnerbereich.

Er sang sehr gern und viel und schaffte es, seinem Opa am Telefon ein Geburtstagslied vorzusingen, mit richtiger Melodie und richtigem Text, das er genau einmal gehört hatte.

Allerdings tat auch Jan etwas, was seine Schwestern ebenfalls getan hatten, obwohl niemand von uns Eltern diesen Sprachfehler hat: er lispelte. Inzwischen hat er jedoch eine logopädische Behandlung durchlaufen, und seine Aussprache ist fehlerfrei.

4 - Vom Poporutschen zum Rutsche herunterrutschen

Mit knapp zwölf Monaten hatte Jan als seinen Weg zum Mobilwerden das Poporutschen für sich entdeckt. Das war so lange gut und schön, wie er einen glatten Boden unter besagtem Popo hatte. Auf Teppich jedoch stieß er mit dieser Fortbewegungsmethode sehr schnell an seine Grenzen.

Nun traf es sich, dass wir zu dieser Zeit Urlaub in einer Ferienwohnung machten, die komplett mit Teppichboden ausgelegt war. Es dauerte nur wenige Tage, bis unser Zwerg die Herausforderung gemeistert hatte und krabbelte wie ein Weltmeister.

Dabei war die spannende Frage für mich, ob er über Kreuz krabbeln würde, also rechte Hand und linkes Bein nach vorn bewegen würde und dann linke Hand und rechtes Bein. Das motorisch korrekte Krabbeln war uns als ein Zeichen für eine existierende Verbindung zwischen rechter und linker Hirnhälfte genannt worden, unabhängig von einem Balken.

Unser kleiner Mann krabbelte wie aus dem Lehrbuch.

Mit knapp sechzehn Monaten stand und lief er

vollkommen frei, kurz darauf auch längere Strecken, und er konnte in die Hocke gehen.

Mit anderhalb Jahren war dann die Zeit des Krabbelns und Porutschens endgültig vorbei.

Die Zeit des Ballspielens hatte begonnen.

Bälle sind einfach etwas Herrliches. Man kann sie irgendwo hinwerfen, wo jemand, bevorzugt jemand anderes, sie holen muss. Man kann sie Treppen, Balkone und Steingärten hinunter werfen und sich auch darauf verlassen, dass Mama, Papa oder die Schwestern sie wieder aufsammeln.

Wie wohl jedes Kind fing auch Jan genau so an. Sobald er jedoch sicher stand, entdeckte er das Fußballspielen für sich. Dabei konnte er sowohl allein mit sich selbst spielen und den Ball, den er weg gekickt hatte, zum ersten Mal auch selbst wieder zurück holen. Noch lieber spielte er aber mit den Mädchen oder seinem Papa.

Zum Essen setzten wir ihn immer noch in seinen Hochstuhl, allerdings nicht mehr als Hochstuhl, da er nicht mehr gefüttert werden musste. Er aß sicher allein, stopfte sich nicht mehr den Mund voll und kam auch allein mit dem Löffel zurecht. Oft klappte das schon ohne Kleckern, und wenn doch einmal etwas daneben ging, erfuhren wir es sofort: "Ich hab mich vollgekleckert." Er wollte inzwischen zunehmend aus dem Becher oder einer Tasse trinken, doch gerade wenn er müde war, musste es noch die Flasche sein, und die bekam er dann auch.

Den oberen Teil des Hochstuhls, den eigentlichen Stuhl, hatten wir also herunter genommen und auf den Boden gestellt. Unser Zwerg, zweifellos mit tatkräftiger Unterstützung seiner kleineren Schwester, die schon kletterte, bevor sie laufen konnte, tat es ihr nach und kletterte allein in seinen Stuhl. Er fiel nicht ein einziges Mal dabei.

Auch die Rutsche auf dem Spielplatz, ein normal großes Spielgerät, keine Babyrutsche, hatte es ihm angetan. Jan kletterte allein die Stufen hinauf und rutschte allein wieder herunter.

Er lernte, Musik zu lieben. Oft sang er nicht nur die Lieder von seinen Kinder - CDs mit, sondern tanzte auch dazu - ohne den Rhythmus auch nur annähernd zu treffen. Aber das war egal. Der kleine Mann hüpfte durch das Zimmer, wackelte mit dem Po und hatte einen Riesenspaß.

Gleiches galt für sein Bobbycar. Jan hatte zwar auch ein

Dreirad, aber das machte auf der Terrasse und jeder Art von Bodenbelag lange nicht so einen schönen Lärm wie sein Plastikauto. Am schönsten war es, wenn unsere drei Kinder gemeinsam auf der mit kleinen Pflastersteinen belegten Terrasse im Kreis fuhren. Man hörte im wahrsten Sinne des Wortes seine eigenen Gedanken nicht mehr. Aber mit so einem Auto oder dem Dreirad konnte man auch toll rückwärts fahren und irgendwo in einer Ecke einparken. Auch das, das Lenken und Parken ohne anzustoßen, konnte Jan nach ein wenig Übung unfallfrei.

Kurz vor seinem dritten Geburtstag bekam er dann ein kleines Kinderfahrrad mit Stützrädern, mit dem er ohne Hilfe durch die Gegend fuhr. Er musste nicht angeschoben werden, lenkte und bremste allein und quasselte beim Fahren fröhlich mit seiner Begleitung.

Seine Faszination für Lego - Steine und Bauten war ungebrochen. Stundenlang konnte er ganz versunken für sein Alter durchaus beeindruckende Konstruktionen bauen: Häuser und Türme, Rennstrecken, die er mit seinen Spielzeugautos lang fuhr, manchmal ganze kleine Ortschaften mit Häusern, Gärten und Straßen.

Er malte auch gern auf der Kindertafel; seine künstlerische

Begabung ist allerdings, das muss ich sagen, nur gering ausgeprägt.

Völlig unfallfrei lief Jans motorische Entwicklung jedoch nicht.

Mit zweieinhalb Jahren rollte der kleine Mann aus dem Ehebett und fiel aus circa sechzig Zentimetern seitlich auf den Teppichboden. Ich war dabei, hob ihn sofort auf und nahm ihn auf den Schoß, doch er weinte nicht. Allerdings wurde er immer ruhiger und benutzte den linken Arm nicht mehr, der auch berührungsempfindlich war. Irgendwann fing er dann doch an zu weinen, und wir beschlossen, ihn untersuchen zu lassen. Da es Samstag und die Kinderarztpraxis geschlossen war, fuhren wir mit ihm in die Kindernotaufnahme. Dort weinte und schrie er dann richtig.

Der diensthabende Arzt tastete Jans Schulter ab. Jan schrie. Der Arzt bewegte den Arm. Jan schrie.

Dann erklärte uns der Mediziner, mit Jan sei alles in Ordnung, er habe sich nichts getan. Als Diagnose trug er "unklare Schreiattacken" ein.

Am nächsten Tag war Jans linke Schulter blau, was seinen Opa nicht davon abhielt, ihn an den Oberarmen zu greifen und hoch zu heben. Der Kleine brüllte.

Am Montag fuhr ich dann mit Jan zu unserem Kinderarzt, der uns sofort ins Krankenhaus schickte; Jan habe sich das Schlüsselbein gebrochen.

Und das hatte er auch, wie das Röntgenbild glasklar zeigte, bei seinem Sturz zwei Tage zuvor. Die Schwester warf mir einen tadelnden Blick zu, als ich ihr sagte, wann der Sturz war, aber da riss mir die Hutschnur und ich erwiderte, sie dürfe gern in Jans Befund vom Samstag schauen, erstellt in ihrem Haus vom Kindernotarzt, der ihm unklare Schreiattacken attestiert hatte.

Mein Sohn bekam einen sogenannten Rucksackverband, der die Schulter ruhig stellte und alle paar Tage neu justiert werden musste, sowie Ibuprofen als Schmerztherapie. Nach drei Wochen hatte er die Verletzung überstanden, war aber nach wenigen Tagen schon schmerzfrei und musste ab da davon abgehalten werden, Blödsinn zu treiben, damit der Bruch gut heilen konnte.

Als er sich zwei Jahre später im Kindergarten das gleiche Schlüsselbein noch einmal brach, weil er von einem Stapel Turnmatten gestoßen worden war, wussten wir bereits, was auf uns zukommen würde. Auch dieser Bruch heilte komplikationslos wie auch die Platzwunde, die er sich ebenfalls im Kindergarten zuzog, als ein loses Brett vom Klettergerüst ausgerechnet auf seinen Kopf fallen musste. Die Wunde wurde genäht, die noch immer quietschblonden Haare wuchsen wieder darüber und alles war wieder heil.

5 - Sauber werden

Jan hat, zumindest nachts, relativ lange Windeln getragen. Dafür sind ihm aber keine Missgeschicke passiert, nachdem er dann windelfrei war.

Einen ersten großen Schritt machte unser Sohn mit knapp drei Jahren, als er sein großes Geschäft schließlich ins Töpfchen machte. Jans Kommentar dazu: "Ich habe einen Kuchen gemacht!"

Problematisch war es, Jan daran zu gewöhnen, auf die Toilette zu gehen. Er weigerte sich, sein großes oder auch kleines Geschäft ins Klo zu machen, sagte auch nicht Bescheid, wenn er zur Toilette musste. Ich habe dann versucht, ihn zumindest morgens und abends auf die Toilette zu setzen, damit er hinein pullert. Doch auch das klappte nicht. Er saß ewig. Pullern auf Kommando funktionierte überhaupt nicht. Ich kann davon auch nur abraten und zur Geduld raten. Ob sie so weit gehen muss wie bei einer Freundin meiner Tochter Marie, die noch im dritten Schuljahr zur Übernachtungsparty bei uns ihre Nachtwindeln mitbrachte, ist wohl Ansichtssache. Aber mein dreijähriger Jan war durch keinen Trick, durch keinen

Kniff dazu zu bringen, den für das Sauberwerden nötigen Entwicklungsschritt auch nur einen Tag früher zu gehen, als er das für richtig hielt.

Diesen Schritt ging er dann mit dreieinhalb Jahren.

Plötzlich wollte er selbst auf die Toilette gehen. Er sagte Bescheid, wenn es drückte, wir gingen zusammen und er pullerte ins Klo. Morgens und abends funktionierte es jetzt ebenfalls. Auch das große Geschäft erledigte er mit wenigen Ausnahmen auf der Toilette, und wenn er sich doch noch einmal eingepupst hatte, war es ihm äußerst unangenehm, und er wollte sofort die schmutzige Windel ausgezogen haben.

Kurz vor seinem vierten Geburtstag war Jan dann bereits seit einigen Wochen tagsüber sicher trocken. Nur zum Vergleich: Meine Mädchen waren beide mit dreieinhalb Jahren generell trocken. Jan war also etwas später dran als sie.

Er sagte sicher Bescheid und konnte auch einmal kurz einhalten, wenn wir nicht sofort zur Toilette gehen konnten. Nachts war er oft, jedoch noch nicht durchgehend trocken.

Diesen letzten Schritt in sein windelfreies Leben ging er

mit viereinhalb Jahren.

Ab diesem Zeitpunkt gab es in unserem Haus kein Wickelkind mehr.

6 - Vom Kuscheln und Trotzen

Es gibt, denke ich, zwei Phasen im Leben unserer Kinder, vor denen uns Eltern so richtig graut. Die eine ist die Pubertät, also die Zeit, wenn die Eltern peinlich werden.

Die andere, wahrscheinlich von Mutter Natur zum Abhärten für die Pubertät erfunden, ist die Trotzphase, die jedes Kind, und damit dessen Eltern, früher oder später heimsucht.

Während meine große Tochter Karolina relativ moderat trotzte und auch ziemlich früh wieder damit aufhörte, ist meine zweite Tochter Marie in dieser Beziehung eine echte Herausforderung. Ich schreibe bewusst *ist*, denn auch wenn es inzwischen, wo sie die weiterführende Schule besucht, deutlich besser geworden ist, hat sie doch immer noch Phasen, in denen sie sehr anstrengend ist. Wahrscheinlich bewegt sie sich übergangslos von der Trotzphase in die Pubertät.

Interessant war in diesem Zusammenhang die abrupte Änderung ihres Verhaltens mit der Ankunft ihres kleinen Bruders. War sie bis dahin das Nesthäkchen gewesen, das Baby, die Kleine, so gab es jetzt jemanden noch

Kleineres, ein neues Baby, das die Aufmerksamkeit von uns Eltern, besonders jedoch meine, aufgrund seiner Diagnose und allen damit verbundenen Unwägbarkeiten noch viel mehr beanspruchte als Säuglinge ohne jedes medizinische Gepäck. Und natürlich konnten wir ihr das nicht erklären. Zum einen war Marie selbst noch ein Baby. Sie war bei der Geburt ihres kleinen Bruders noch keine zwei Jahre alt. Zum anderen galt und gilt das Schweigegebot zum Schutz unseres Jungen, und zwar so lange, bis die Informationen über seine eventuelle Balkenagenesie keinen Schaden mehr anrichten können.

Marie wurde von einem sehr anhänglichen und lieben kleinen Mädchen zu einem noch viel anhänglicheren, aber immer öfter und immer schwerer trotzenden kleinen Mädchen. Obwohl wir Eltern, und ganz besonders ich, streng darauf achteten, allen unseren Kindern nach Möglichkeit gleich viel Zuwendung und Liebe zu geben, war Maries Eifersucht auf Jan offensichtlich. Sie tat alles, um Aufmerksamkeit von ihm weg und auf sich selbst zu lenken. Dabei war es ihr relativ gleichgültig, ob das positive oder negative Aufmerksamkeit war. Hauptsache, mein Mann oder ich hatten keine Zeit, uns um Jan zu kümmern.

Als unser kleiner Junge sich schließlich der Trotzphase näherte, war die spannende Frage für uns, an wem er sich orientieren würde, an seiner großen oder an seiner kleineren Schwester.

Die Antwort lautet, an beiden.

Jan fing relativ spät an und steigerte die Intensität seiner Trotzanfälle langsam. Allerdings war er mit zweieinhalb Jahren dann ein männliches Gegenstück zu seiner Schwester Marie, und wenn wir Eltern großes Glück hatten, dann warfen sich zwei schreiende, stampelnde Kleinkinder gleichzeitig auf den Boden, um mit ihren jeweiligen Köpfchen durch die Wand zu kommen.

Jans Spezialität bestand darin, permanent seine Meinung zu ändern, egal, worum es ging, und wenn er das andere nicht haben oder tun durfte, das Böckchen heraus zu lassen. Dann war er ein trotzendes, motzendes Kleinkind, das man, wie seine Schwester, behutsam wieder einfangen musste. Wenn man dazu noch die Nerven hatte. Ansonsten half Abstand, und zwar beiden Seiten. Das hatte ich schon bei den Mädchen gelernt. Wenn man es nicht mehr ertrug, hinaus zu gehen, die Tür zu schließen und zu warten, bis der Sturm abflaute.

Jan testete in diesem dritten Lebensjahr ganz bewusst seine und unsere Grenzen aus. Was würden wir ihm durchgehen lassen, was gerade noch so und was überhaupt nicht. Diese kleinen und durchaus auch größeren Machtproben fanden gern im Rahmen des Abendessens statt, also zu einer Zeit am Ende des Tages, wenn sowohl die Kinder als auch die Eltern nicht mehr so ganz ausgeruht sind. Jan weigerte sich dann strikt, irgendetwas zu essen oder sich auch nur hinzusetzen. Stattdessen rannte er herum, machte riesigen Lärm, schimpfte zurück, wenn er von uns Großen geschimpft wurde und haute gelegentlich auch auf den Tisch. Seine Standardantwort war nein, egal, worum es ging.

Da er sprachlich immer fitter wurde und seine großen Schwestern hervorragende Lehrmeister auch beim Motzen waren, bekamen gelegentlich auch die Großeltern etwas ab. Einem seiner Opas erklärte Jan einmal wütend: "Ich hab die Schnauze voll! Lass mich in Ruhe!" Was der Auslöser des verbalen Ausfalls war, ließ sich nicht mehr herausfinden.

War Jan weder durch gutes Zureden noch durch

Schimpfen, Bob, den Baumeister, oder Biene Maja dazu zu bewegen, sein Abendbrot zu essen, steckte ich ihn auch einmal ohne ins Bett. Wenn seine Schwestern dann auch schlafen gingen, stand er meist ziemlich unglücklich in seinem Kinderbett und bekam dann noch etwas zu essen und zu trinken, jedoch keinen Nachtisch.

Auch im Kindergarten kam das Böckchen manchmal zum Vorschein.

Hier aß er zwar ohne Probleme, machte aber gern Kinderquatsch beim Essen und ließ sich auch durch mehrfache Ermahnungen nicht davon abbringen. Eines Mittags, Jan war knapp vier Jahre alt, trieb er es so wild, dass die Erzieherinnen ihn schließlich hinaus schickten. Mein Sohn, ganz beleidigte Leberwurst, stand auf und ging, schaffte es aber, sich beim Hinausgehen zu verletzen.

Mir fiel alles aus der Hand, als ich auf der Arbeit einen Anruf bekam, mein Junge wäre im Krankenhaus in der Notaufnahme. Dort fand ich ihn kurz darauf auf dem Schoß einer Erzieherin, beide voller Blut. Weil seine Verletzung so stark geblutet hatte, hatte der Kindergarten schließlich den Rettungswagen gerufen und den Kleinen in die Klinik bringen lassen. Als ich ankam, war die Blutung schon fast gestillt, und mir wurde erklärt, dass seine Verletzung wohl noch eine Weile weh tun, aber folgenlos ausheilen würde. Und das tat sie auch. Langzeitschäden hat ihm dieser Trotzanfall nicht beschert, und mit dem Schuleintritt war seine Trotzphase dann auch vorbei und damit deutlich früher als bei Marie.

Wie bei jedem Trotzkind beträgt die Zeit fürs Umschalten vom Trotzen zum Kuscheln wollen genau eine Sekunde. Längstens.
Ich kannte das schon von den beiden Mädchen.
Je blöder die Mama gerade noch gewesen war, desto größer war jetzt das Bedürfnis nach Liebe, Zuwendung, Streicheln und Schmusen.
Aber auch ohne seelischen Ausnahmezustand kurz zuvor brauchte und braucht mein Balkenjunge sehr viel körperliche Nähe.
Seine Spezialität war es, sich auf meinen Bauch zu legen und seine Füße in meinen Händen zu parken und streicheln zu lassen. Je größer er wurde, desto akrobatischer wurden seine und meine Verrenkungen, um

die Füße noch in meine Hände zu bekommen. Auch beim Gute-Nacht-Ritual war das Füße kuscheln lange Jahre fester Bestandteil. Beim morgendlichen Wecken wurde er ebenfalls sanft von unten nach oben wach gestreichelt.

Besonders anhänglich ist Jan, wenn es dunkel wird. Er fürchtet sich vor der Dunkelheit, auch jetzt noch, mit zehn Jahren. Allein zu schlafen mag er überhaupt nicht, zumal er es nicht gewohnt ist.

Als die Kinder noch klein waren, haben wir sie alle drei oft im Bett unserer Ältesten gefunden, einem ganz normalen, achtzig Zentimeter breiten Jugendbett. Das gemeinsame Schlafen gab den beiden Kleineren Sicherheit, und unsere Große ist nach einer Weile gar nicht mehr aufgewacht, wenn ihre Schlafgäste, meist gleich zu zweit, bei ihr einzogen.

Sie war es dann auch manchmal, die Jan beruhigte, wenn er mitten in der Nacht schreiend aufwachte, weil er offensichtlich einen schlimmen Alptraum gehabt hatte. Meist jedoch kam er dann aus dem Zimmer gestürzt und ich fand ihn, Hände vors Gesicht geschlagen, bäuchlings auf dem Boden liegend oder in eine Ecke im Flur gekauert.

Uns wurde jedoch vom Kinderarzt erklärt, dass die Phase sehr intensiver und auch bedrohlicher Träume normal sei und viele Kinder beträfe, auch wenn ich mich bei meinen Mädchen nicht an derartig heftige nächtliche Schrecken erinnern konnte.

Mittlerweile haben die großen Schwestern, und damit auch er, eigene Zimmer, aber die Schlafordnung weicht immer noch gelegentlich, manchmal auch für längere Zeit, davon ab. Jan und seine Schwester Marie haben während der sogenannten Corona - Zeit lange Zeit in einem größeren Bett in Maries Zimmer geschlafen. Weder er noch sie wollten allein schlafen, und manchmal kam auch Karolina noch mit dazu.

Inzwischen schläft unsere Älteste ausnahmslos in ihrem Zimmer, und Jan wurde von Marie hinaus komplimentiert. Sie will wieder allein schlafen. Jan allerdings nicht, doch er hat keine Wahl. Wir bringen ihn ins Bett, er hat ein kleines Nachtlicht und leise Musik aus dem Radio, und oft ist auch schon jemand von uns Eltern im Bett im Schlafzimmer nebenan. Jans Zimmertür ist auf, unsere Tür ebenfalls, und wenn er Alpträume hat, was immer noch gelegentlich vorkommt, ist er mit fünf Schritten bei uns.

Nachdem ich jedoch von einem Nachbarsmädchen erfahren habe, das deren zwölfjähriger Bruder nachts manchmal zu ihr ins Zimmer kommt, weil er allein Angst hat, mache ich mir über Jans Schlafthematik keine Gedanken mehr. Es wird sich legen. Von allein.

In dem Maße, wie Jan vom Kleinkind zum Kind wurde, entwickelten sich seine Körperbeherrschung, seine Abenteuerlust und seine Fingerfertigkeiten. Wie bei jedem anderen Kind auch.

Er liebte sein Bobbycar, bis er so groß war, dass er sich die Knie beim Fahren aufschürfte. Am Dreirad war er nicht so sehr interessiert, jedoch am Fahrrad. Allerdings fuhr er relativ lange mit Stützrädern, bis wir ihn kurz vor der Einschulung schließlich dazu bewegen konnten, das freie Fahren auf einem Sportplatz in der Nähe so lange zu üben, bis es problemlos klappte und er dann eine Runde nach der anderen fuhr.

Beim Klettern war Jan etwas mutiger. Dabei spielte es keine Rolle, ob es sich um feste Sprossen oder miteinander verknüpfte Seile handelte. Jan kletterte sicher, hielt sich gut fest, konnte mit kniffligen Situationen umgehen und kam sicher bis ganz nach oben und wieder herunter.

Das Werfen von Gegenständen, bevorzugt irgendwo herunter, wo jemand anders sie dann wieder aufsammeln musste, beherrschte Jan schon sehr früh, wie jedes Kind. Schwieriger war das Fangen. Jan konnte Bälle schon relativ früh werfen und auch ziemlich kräftig treten, aber sie zu fangen war schwieriger. Entweder er formte mit den Armen einen Kreis, durch den er den Ball hindurch rutschen ließ, oder er griff nicht kräftig genug zu, so dass der Ball durch seine Hände rutschte. Was er, im Gegensatz zu unseren Mädchen, jedoch nicht tat, war, in Deckung zu gehen, wenn der Ball geflogen kam. Er versuchte, ihn zu fangen, und ab dem vierten Lebensjahr ging das auch ganz gut.

Von seiner Schwester Marie lernte Jan, auf die Bäume in unserem Garten zu klettern - auch wenn sie beide genau wussten, dass wir es ihnen verboten hatten. Wir wussten nicht, was die Äste aushalten, und wollten Kinder und Bäume vor Brüchen schützen. Doch wenn sich die beiden Kleinen unbeobachtet glaubten, turnten sie fröhlich in unserem ältesten Laubbaum und den etwas jüngeren Nadelbäumen herum. Gott sei Dank ohne sich oder den Bäumen etwas zu tun.

Mit knapp fünf Jahren lernte Jan das Schwimmen, gemeinsam mit Marie.

Es war eine Freude, den beiden Kindern dabei zuzusehen, wie sie völlig angstfrei mit Anlauf ins tiefe Becken hüpften, wieder auftauchten und dann, anfangs noch im Welpenstil, zur Leiter paddelten. Später zogen sie ihre Bahnen für ihre Schwimmabzeichen, tauchten wie die Weltmeister, und auch das Springen vom Drei-Meter-Turm trauten sie sich beide.

Aus dem Kindergarten bekamen wir bei den jährlichen Entwicklungsgesprächen die Rückmeldung, dass Jans Entwicklung vollkommen altersgerecht war. Er spielte und tobte gern, trotzte auch gern, hatte Freunde und Kinder, mit denen er nicht so gern zusammen war.

Er aß und trank zunehmend selbständig, benutzte Tassen und Becher und nur noch selten, wenn er sehr müde war oder einen Infekt hatte, die Flasche. Seinen Schnuller brauchte er schon mit zwei Jahren nicht mehr, ohne dass wir ihn dem Osterhasen zum Tausch gegen Geschenke anbieten mussten, wie bei den Mädchen.

Bereits als ganz kleiner Junge hatte Jan seine Liebe zu Lego-Steinen entdeckt.

Bis zum Ende der Grundschulzeit wünschte er sich und bekam auch zum Geburtstag und zu Weihnachten Sets aus dem Lego-Universum geschenkt. Damit konnte er stundenlang versunken und ganz allein spielen. Anfangs waren es eher Türme und einfache Häuser, doch je älter er wurde, desto komplizierter wurden die Konstruktionen, die er baute. Straßen und Autobahnen, auf denen er dann mit seinen Spielzeugautos fuhr, Burgen mit Erkern und Balkonen, Autos, Schiffe und Flugzeuge, schließlich auch abstrakte Figuren aus farblich aufeinander abgestimmten Steinen.

Später wünschte er sich auch Sets mit den kleinen Steinen, aus denen man hochkomplizierte Dinge wie Motorräder oder Raumschiffe nach Anleitung baut. Bei den ersten dieser Bausätze half ihm sein Papa, doch irgendwann zog er sich mit der dicken Konstruktionsanleitung in sein Zimmer zurück und fing einfach an zu bauen, bis er fertig war.

Beim An- und Ausziehen brauchte Jan spätestens nach dem fünften Geburtstag keine Hilfe mehr. Das hieß jedoch nicht, dass er sich allein an- oder auszog. Er machte genau das gleiche Theater, das ich von meinen Mädchen kannte. Beim T-Shirt steckte er den Kopf nicht durch oder tat so, als könnte er die Ärmel nicht finden, Hemdchen wurden verkehrt herum angezogen, so dass ich sie ihm richtig anziehen musste. Am beeindruckendsten war die Vorstellung mit den Socken. Jan saß nackt auf dem Badteppich und zog heulend und schimpfend ganz vorn an seinen Söckchen. Natürlich bewegten sie sich keinen Millimeter. Ich erklärte ihm jeden Abend aufs Neue, dass er sie von oben nach unten von den Füßen schieben müsse. Aber er bockte, um so durchzusetzen, dass ich ihm die Socken auszog. Wenn ich dann noch eine ganz böse Mama war, musste er die Socken, nachdem er sie nach zehn Minuten Drama endlich von den Füßen und dabei auf Links gedreht hatte, wieder richtig herum wenden. Das war die Höchststrafe, für uns beide.

Ziel war es, dass Jan selbständig war, wenn er in die Schule kam, und das haben wir erreicht. Selbst das Schleife binden hat er gelernt, auch wenn es für seine Altersklasse kaum Schuhe mit Schnürsenkeln gibt.

8 - Geistig-emotionale Entwicklung

In dem Maß, wie Jan komplexe und sprachlich richtige Sätze bilden lernte, zeigte sich ein Charakterzug, den er sich von seiner Schwester Marie abgeschaut hatte. Er war - und ist - ein Klugscheißer vor dem Herrn. Und Marie war auch das Opfer einer sehr frühen und daher doch verblüffenden Klugscheißerei.

Jan war gerade drei Jahre alt geworden und trieb mit seiner Schwester gemeinsam Unsinn auf der Schaukel. Marie bremste ihn aus. "Du kannst das noch nicht. Ich bin groß, das ist ein Unterschied." Doch Jan konterte: "Du bist bescheuert. Ich bin *nicht* bescheuert. *Das* ist ein Unterschied." Dazu fiel selbst der großen Schwester nichts mehr ein.

Auch mit mir versuchte er sein Glück.

Eines Abends hustete er ohne Hand vor dem Mund auf seinen Teller. Ich ermahnte ihn: "Jan, nicht aufs Essen husten!"

Doch Jan war nicht überzeugt:

"Auch nicht auf meins?"

Als ich den stubenhockenden Jan eines Nachmittags

aufforderte, er solle jetzt endlich mit in den Garten an die frische Luft kommen, fragte er, ob er "soll" oder "muss", um mich dann darauf festzunageln, ich hätte doch soll gesagt.

Im dritten Lebensjahr begann mein kleiner Junge dann zunehmend, Mitgefühl nicht nur zu empfinden, sondern auch zu zeigen.

War eine seiner Schwestern krank, so fiel ihm das auch auf. Er kam dann zu mir und sagte mir, dass es Marie oder Karolina nicht gut gehe. Dann ging er zu dem kranken Kind und streichelte es oder versuchte auf andere Art, es zu trösten.

Lag ich nach einem anstrengenden Tag abends erledigt auf dem Sofa, kam er zu mir und fragte: "Bist du ganz müde?" Und wenn ich bejahte, bekam auch ich meine Streicheleinheiten. Er kam auch zu mir, um mir zu erklären: "Ich hab dich ganz lieb!"

Ein Satz, bei dem wahrscheinlich jeder Mutter und jedem Vater das Herz aufgeht.

Im Kindergarten gab es allerdings zunehmend Probleme,

je älter Jan wurde, und wir haben ihn in seinem letzten Kindergartenjahr, in dem er sechs Jahre alt wurde, gegen Schluss dann auch zu Hause gelassen, wann immer es ging.

Jan langweilte sich. Er wollte die Kinderspielchen nicht mehr spielen, keine Bilderbücher mehr anschauen, nicht mehr basteln und malen, und vor allem wollte er sich bei all dem nicht mehr von den Erzieherinnen sagen lassen, was er zu tun und zu lassen hatte. Und so gab es immer wieder Konflikte und Vorladungen zu Elterngesprächen, weil unser Sohn sein Missfallen in nicht misszuverstehenden Worten zum Ausdruck gebracht hatte. Aufforderungen beantwortete er mit "Mach es doch selber!" oder "Ich bin doch nicht dein Dienstmädchen.", Sitzkreise und ähnliches störte er durch ständiges Kaspern, und von Gruppenbeschäftigungen hielt er auch nicht viel, sondern spielte lieber allein.

Schon bevor er lesen konnte, interessierte er sich für verschiedene Themen und merkte sich auch Dinge, die er in Büchern oder im Fernsehen gesehen hatte. Er schaute sich gern Dokumentationen zu Tieren, dem Weltall, Geschichte, Natur und Technik an und stellte Fragen, mit denen ich gelegentlich überfordert war, so dass wir die Antworten gemeinsam nachschlugen.

Von einer irgendwie gearteten geistigen Behinderung, die uns in der Schwangerschaft als mehr oder weniger wahrscheinlich prognostiziert worden war, konnte also überhaupt keine Rede sein.

Und dennoch war ich gespannt bis nervös, wie Jan sich in der Schule schlagen würde.

Mit Beginn der Schulzeit machte Jan wieder einen großen kognitiven Sprung. Er hatte sich schon immer für die verschiedensten Dinge interessiert, doch jetzt stellte er Fragen, die uns verblüfften.

"Warum kann man Luft hören, aber nicht sehen?", war so eine Frage, oder auch "Was ist die Seele?" und "Was ist Religion?" Dabei war er gerade einmal sechs Jahre alt.

Was schon in den ersten Schultagen auffiel, war Jans fast schon pedantisch zu nennende Arbeitshaltung. Die ich mir inzwischen manchmal zurück wünsche, aber das nur am Rande. Jan kam aus der Schule und setzte sich sofort an seine Hausaufgaben. Er erledigte sie selbständig und allein, ich schaute sie nach und unterschrieb.

Manchmal, wenn die Zahlen, Buchstaben und Wörter gar zu krumm und schief waren, radierte ich ein paar aus und ließ ihn das noch einmal schreiben, was immer zu Wut und Tränen führte. Doch ich konnte in seinen Heften sehen, dass er ordentlich schreiben konnte, und ich wollte, dass sich das einschleift. Hier ging es um Fingerfertigkeit. Den Umgang mit Schere, Pinsel und Stift hatten die

Kinder schon im Kindergarten gelernt und geübt. Doch Zahlen und Buchstaben lesbar auf Zeilen zu schreiben war natürlich auch für Jan eine Herausforderung.

Anfangs hielt er den Stift oft zu weit unten und verkrampfte seine Hand beim Schreiben. Ich habe ihm dann den Stift ein Stück weiter nach unten geschoben und auch versucht, meinen Sohn dazu zu bringen, den Stift auf dem Mittelfinger aufzulegen, nicht auf dem Ringfinger, wie es heute sehr viele Kinder tun, aus welchen Gründen auch immer. Doch ich hatte keinen Erfolg, und da er mit zunehmender Übung auch so besser im Schreiben wurde, habe ich das Thema fallen lassen.

Jans Handschrift zu Beginn war, man kann es nicht anders nennen, schlecht.

Er schrieb mal groß und mal klein, selten auf die Zeilen, die Größenverhältnisse der Buchstaben stimmten oft nicht, sie kippten nach einer oder der anderen Seite oder waren ganz und gar seitenverkehrt.

Das war etwas Neues, das ich von meinen Mädchen nicht kannte. Eine Drei sah dann aus wie ein großes E oder umgekehrt.

Wenn eine Zeile zu Ende ging, schrieb Jan immer enger

und enger, anstatt die Wörter einfach ganz normal groß in die nächste Zeile zu schreiben.

Inzwischen sind die meisten dieser Anfängerprobleme allerdings Vergangenheit. Jan schreibt meist leserlich, manchmal aber auch sehr unsauber, vor allem aber richtig! Rechtschreibung, Grammatik und sogar die Zeichensetzung beherrscht er für sein Alter wirklich gut. Doch noch immer zieht er die Wörter am Zeilenende zusammen. Damit sind sie selbst für mich manchmal nicht lesbar, zumal er in der Grundschule eine sehr verschnörkelte Schreibschrift gelernt hat, die ihn nicht nur unendlich viel Zeit kostet, sondern auch die Leserlichkeit beeinträchtigt. Wir arbeiten daran, seine Schrift zu vereinfachen und ihm beizubringen, dass es für die Übersichtlichkeit seiner Aufzeichnungen von Vorteil ist, ausreichend Platz zu lassen, also ein augenfreundliches Layout auch in seinen Schulheften und vor allem Klassenarbeiten zu haben. Kein Lehrer quält sich durch unlesbare Hieroglyphen, sondern er zieht es einfach als nicht beantwortet von der Note ab.

Das Spannendste für uns mit Jans Schuleintritt waren

natürlich seine Leistungen.

Jan war von Anfang an ein guter Schüler und ist es bis heute, wenn auch mit Abstrichen.

Ich weiß, wie sich dieser Satz anhört, wenn ich als Mutter ihn schreibe. Doch mir geht es nicht darum, mit meinem ach so klugen Kind anzugeben, das dieselben Probleme und denselben Leistungsknick zeigt, mit denen die meisten Fünftklässler kämpfen, gerade auf dem Gymnasium. Mir geht es darum aufzuzeigen, dass sich von all den Katastrophenszenarien, mit denen wir nach Jans vorgeburtlicher Diagnose konfrontiert wurden, eines nach dem anderen in Luft auflöst. Dass es aus meiner persönlichen Erfahrung heraus bei einem isolierten Balkenmangel bei genetisch gesundem Kind, wie es unser Sohn Jan ist, keinen Grund gibt für den Spätabbruch, der uns geraten wurde. Ich möchte Ängste nehmen und Mut geben, so weit mir das möglich ist. Jans Geschichte, wie sie sich bisher darstellt, eignet sich dafür gut.

Seine schulischen Leistungen in der Grundschule bewegten sich im überwiegend sehr guten, teils guten Bereich. In Mathematik, die er liebt, in Deutsch und Sachkunde, also den akademischen Fächern, wenn man sie so nennen will, erreichte er durchweg sehr gute Leistungen, die ab dem dritten Schuljahr auch benotet wurden. In Musik, Kunst und Religion, also für Jan Singen, Malen, Basteln und Geschichten hören, was er schon im Kindergarten nicht mehr so wirklich spannend fand, sind es eher Zweien, wenn die Lehrerin seine Haltung einmal mit benotet, auch gelegentlich eine Drei. Und da er noch ein Kind ist und folglich ungefiltert spricht, sagt er auch ganz offen, dass ihn das nicht interessiert.

Im Sport hatte er auch eine Zwei. Manchmal hat er sich nach Aussage seines Sportlehrers bei Geschicklichkeitsübungen etwas unbeholfen angestellt, und da er bei immer noch aufgeschossener Körpergröße extrem schlank ist, ist er auch nicht unbegrenzt belastbar, was zum Beispiel Dauerläufe, gern bei hohen Temperaturen, angeht. Sein Sportlehrer wiederum war eine durchaus ehrfurchtgebietende Erscheinung von fast zwei Metern Größe, so dass ich meinen Jungen im Sommer manchmal knallrot von der Schule abgeholt habe, wo er sich im Sportunterricht bis zur kompletten Erschöpfung verausgabt hatte, um sich keinen Tadel einzufangen.

Was meinem Sohn, wie wahrscheinlich jedem Kind, sehr geholfen hat, war die Tatsache, dass er in den ersten drei Schuljahren eine hervorragende Klassenlehrerin hatte. Die junge Frau kam frisch aus dem Referendariat und zeichnete sich durch ganz klar strukturiertes Arbeiten, einen zwingend logischen Aufbau des Unterrichtsstoffes und hohe Anforderungen an die Leistungsbereitschaft der Kinder aus. Das ist in Zeiten wie den heutigen, in denen die Grundschule oftmals als Verlängerung der Kindergartenzeit mit etwas Rechnen und Schreiben, gern nach Gehör, gesehen wird, außergewöhnlich und war ein echtes Geschenk für Jan.

Er stürzte sich auch voller Elan in die Schule, meldete sich sehr oft - und erlebte die gleiche Enttäuschung, die viele kluge und fleißige Kinder gleich zu Anfang ihrer Schulzeit erleben müssen, aus der ich aber auch keinen Ausweg sehe, zumindest keinen, der in der gegenwärtigen Welt umsetzbar wäre. Obwohl er sich so oft meldete und die Antworten wusste, wurde Jan nicht öfter als andere Kinder aufgerufen, eher noch seltener, damit die geistig nicht so beweglichen Kinder dem Unterrichtstempo auch folgen konnten. Damit ging es ihm wie den anderen Kindern in der Leistungsspitze seiner Klasse, nur dass er damit nicht umgehen konnte.

Es dauerte nicht lang, und Jan klagte morgens über Bauchschmerzen. Die Freude an der Schule und am Lernen war verflogen und er kam oft wütend, traurig und weinend nach Hause. Weil er nicht aufgerufen wurde und die vielen nicht so sehr richtigen Antworten der anderen Kinder ihn zunehmend frustrierten, wo er es doch wusste, hatte er schließlich mehrfach einfach in die Klasse gerufen und sich prompt Ärger damit eingehandelt. Jetzt war er auch noch wütend auf die Lehrerin, die in dem Spannungsfeld zwischen dem Fördern der schwachen und dem Fordern der leistungsstarken Kinder genauso aufgerieben wurde wie so viele Lehrer in diesem Land.

Ich habe damals versucht, Jan genau das zu erklären. Dass die Lehrerin Rücksicht auf die Kinder nehmen müsse, die nicht so schnell wären wie er und zwei, drei seiner Klassenkameraden. Dass sie ihn doch immer noch oft aufrufe. Dass die Lehrerin genau wisse, dass er, Jan, die Antwort kennt. Dass er bitte nicht einfach in die Klasse rufen soll und auch nicht vorsagen.

Doch das sprichwörtliche Kind lag im Brunnen. Jan nahm der Lehrerin ihr Verhalten persönlich übel, steigerte sich in die Überzeugung hinein, sie könne ihn nicht leiden, und da das so sei, befand er, könne er sich auch benehmen wie die Axt im Wald.

Und das tat er.

Wir bekamen teils tägliche Klagen über Jans Verhalten im Unterricht in seinem Hausaufgabenheft oder gar seitenlange Briefe, in denen sein Benehmen der Lehrerin, aber auch anderen Kindern gegenüber thematisiert wurde. Unser Kind war voller Wut und Aggression, die er meist verbal, bei Streitigkeiten mit anderen Kindern aber gelegentlich auch körperlich abzubauen versuchte. Dann gab es auch einmal kleinere Blessuren auf beiden Seiten. Wüste Schimpfwortorgien, wie die Mitschüler sie zum Teil zu hören bekamen, traute er sich der Lehrerin gegenüber Gott sei Dank nicht. Doch er machte sich einen Spaß daraus, jetzt absichtlich dazwischen zu rufen, laut zu schwatzen, die Frau nachzuäffen und den Unterricht permanent zu stören.

Am schlimmsten war es, wenn Jans Meinung nach 'Kinderkram' gemacht wurde. Sitzkreise waren so etwas, das er schon im Kindergarten hasste, wo er sich langweilte, nichts Richtiges zu tun und damit Zeit und freie Hirnkapazität für destruktives Verhalten hatte. Symptomatisch war ein solcher Vorfall, als der Lehrerin schließlich der Geduldsfaden riss und sie Jan drohte, wenn er nicht sofort aufhöre, müsste er den Sitzkreis verlassen und im Nebenraum Mathe-Arbeitsblätter bearbeiten.

Jans Antwort: "Aber das *will* ich doch!"

Also flog er hinaus und saß dann friedlich und konzentriert rechnend im Nebenraum, während seine Klassenkameraden noch etwas Kindergarten spielten. Da das funktionierte und von Jan nicht einmal als Strafe, sondern eher als Erlösung empfunden wurde, kamen die Arbeitsblätter noch öfter zum Einsatz.

Wir Eltern besorgten außerdem einen kleinen Taschenkalender und baten die Lehrerin, dort jeden Tag in Kürzestform einzutragen, wie Jan sich benommen hatte. War alles gut, reichte uns ein Smiley, wenn nicht, ein paar Stichpunkte. Dieses Büchlein musste Jan täglich in der Schule und zu Hause vorlegen, um ihm zu zeigen, dass weder wir Eltern noch die Lehrerin gewillt waren, uns schlechtes Benehmen bieten zu lassen, und dass wir Erwachsenen da an einem Strang zogen.

Und so hatte Jan während des ersten Schuljahres und auch noch zu Beginn des zweiten sein Verhaltensbüchlein dabei, und wir Eltern konnten sofort reagieren, wenn in der Schule etwas vorgefallen war.

Jan hatte dabei Phasen, in denen wochenlang alles wie am Schnürchen lief, er überhaupt nicht auffällig oder ausfällig wurde und das bravste Kind überhaupt war. Er war höflich und zuvorkommend, ja sogar hilfsbereit der Lehrerin gegenüber und vertrug sich mit allen seinen Mitschülern. Und dann schlug irgendetwas um, und er war wieder eine Weile unausstehlich.

Wir Eltern konnten uns keinen Reim darauf machen, zumal Jans schulische Leistungen durchweg gut bis sehr gut waren, unabhängig von seinem Verhalten. Diese Gemengelage veranlasste mich schließlich, im Netz nach Erklärungen zu suchen. Eine, die dort angeboten wurde, war eine Hochbegabung mit damit einhergehender Unterforderung des Kindes im normalen Schulbetrieb.

Nun bin ich selbst Lehrerin und hatte zur Genüge Eltern, die mir einreden wollten, ihr verhaltensoriginelles, wie es heute statt verhaltensgestört heißt, ihr verhaltensoriginelles Kind also mit den allerdings schlechten Leistungen sei in Wirklichkeit hochbegabt und ich nur nicht in der Lage, das zu erkennen und entsprechend zu fördern, so dass es sichtbar würde. Von daher war ich skeptisch, habe mich dann allerdings mit einer Frau von der Deutschen Gesellschaft für das hochbegabte Kind in Verbindung gesetzt und ihr unsere Probleme geschildert. Sie sagte, es könne eine Hochbegabung vorliegen, und empfahl, Jan testen zu lassen, was wir getan haben.

Das Ergebnis war nicht ganz eindeutig. Die Psychologin, die den Test durchführte, erklärte mir im Anschluss, Jan habe mit hoher Wahrscheinlichkeit eine mathematische Hochbegabung, wahrscheinlich auch eine sprachliche. Von anderen Gebieten war nicht die Rede. Wir sollten ihn fördern und mit Wissen füttern und auch mit seiner Lehrerin sprechen.

Letzteres habe ich sehr bald darauf getan. Sie selbst hatte aber schon geraume Zeit Material im Unterricht verwendet, mit dem sie die Kinder aus der Leistungsspitze forderte, Texte und mathematische Knobelaufgaben, die diese Kinder lösten, während die anderen noch an ihren Aufgaben arbeiteten.

Außerdem haben wir unseren Jungen zu einem "College" für Kinder geschickt, einer wunderbaren Einrichtung, bei der an einer Schule von Fachleuten Kurse für Kinder wie Jan zu den unterschiedlichsten Wissensgebieten und Fertigkeiten angeboten wurden. Jan belegte einen Kurs in Mathematik und einen in Biologie.

Leider, leider sind auch diese Veranstaltungen ein Opfer des Corona-Wahnsinns geworden.

Apropos.

Auch unser Kind war, wie alle anderen Kinder und Jugendlichen, von den Schulschließungen in den Jahren 2020 und 2021 betroffen.

Zu Beginn war Jan im zweiten Schuljahr. Die wesentlichen Grundlagen wie Lesen, Schreiben und der Umgang mit Zahlen waren da Gott sei Dank schon gelegt.

Wir Eltern bekamen jeweils sonntags einen Wochenplan für die kommende Woche zum Ausdrucken, sehr übersichtlich aufgeschlüsselt nach dem Wochentag und dem Unterrichtsfach, in dem die Pflichtaufgaben und auch einige zusätzliche Aufgaben eingetragen waren. Die

Kinder konnten in dem Plan eintragen, wenn sie die Aufgaben erledigt hatten, und wir Eltern unterschreiben, wenn wir sie gesehen hatten.

Zu Anfang hatte Jan den Ehrgeiz, den ganzen Wochenplan an einem Vormittag abzuarbeiten, und war frustriert, wenn er es nicht ganz schaffte. Ich konnte ihm aber bald erklären, dass das überhaupt nicht Sinn der Sache war. Er sollte täglich für die Schule arbeiten, um Gelerntes zu festigen und neuen Stoff, den es auch gab, zu üben. Und das ging nun einmal am besten, wenn er nicht ganze Tage ohne jede Arbeit für die Schule verbrachte, weil er den Plan schon dienstags erfüllt hatte.

Außerdem war es sehr schwierig, selbst Fernunterricht geben zu müssen und dann noch einen Siebenjährigen sinnvoll beschäftigt und bei Laune zu halten, der nichts mehr zu tun hatte und dann stundenlang fernsah oder am Tablet herumspielte.

Während des zweiten monatelangen Lockdowns waren in der Übersicht dann auch die Videokonferenzen vermerkt, in denen die Lehrerin den Kindern in Gruppen zumindest so etwas Ähnliches wie echten Unterricht mit persönlichen Erklärungen, Fragen und Antworten angeboten hat.

Jan war mit den gestellten Aufgaben nie auch nur annähernd so lange beschäftigt, wie er Unterricht gehabt hätte. Meist saß er zwei bis zweieinhalb Zeitstunden täglich an seinem Pensum. Ich hatte die Wochenpläne für ihn so strukturiert, dass ich hinter den Aufgaben jeweils den Wochentag vermerkt hatte, an dem sie zu erledigen waren. Dabei habe ich darauf geachtet, dass Jan möglichst jeden Tag Aufgaben aus den Hauptfächern bearbeitet hat und dann zusätzlich noch das eine oder andere Nebenfach zum Zug kam. Außerdem hatte ich sein Pensum selbst dadurch aufgestockt, dass ich von den Zusatzaufgaben noch die angekreuzt habe, die akademischer Natur waren und die mein Sohn auch noch zu erledigen hatte. Das gab zwar anfangs Diskussionen, doch da er sie ausnahmslos verlor, hat er es sehr schnell aufgegeben und sich die Zeit für die Ja-Aber-Dialoge mit meinem Mann und mir gespart.

Für Jan war die Zeit der Schulschließungen und Lockdowns vor allem eine Zeit der Einsamkeit. Dabei ging es ihm noch gut, verglichen mit vielen anderen Kindern, die keine Geschwister als Gesellschaft hatten und keinen großen Garten, um sich auch einmal auszutoben. Aber er vermisste seine Freunde, besonders seinen besten Freund, einen ebenfalls sehr klugen Jungen, dessen Eltern sich allerdings den Corona - Maßnahmen samt den Kontaktverboten unterwarfen, wahrscheinlich aus Angst vor den drakonischen Strafen.

Im vierten Schuljahr brach dann Jans bis dahin halbwegs heile Grundschulwelt endgültig auseinander. Nach dem Weggang seiner langjährigen Lehrerin bekam er innerhalb der letzten zwölf Monate gleich zwei neue Klassenleiterinnen. Die erste wurde bereits nach wenigen Monaten wieder versetzt, die zweite hatte er bis zum Ende des vierten Schuljahres. Beide Damen konnten ihrer Vorgängerin nicht das Wasser reichen, eine hat es erst gar nicht versucht, weil sie bereits einen Versetzungsantrag laufen hatte.

Und so konnten wir Jan nur durch diese teils chaotische Zeit helfen, indem wir die Kontrollinstanz waren, die die Schule nicht mehr war. Unser Junge sehnte sich nach dem Ende der Grundschulzeit und freute sich auf das Gymnasium, für das er eine ganz eindeutige Empfehlung erhalten hatte. Und so meldeten wir ihn am Gymnasium seiner Schwestern an, das er inzwischen besucht.

War Jan zu Beginn der Schulzeit noch ein sehr eifriger Schüler, der gern alles sofort und perfekt erledigte, so hat sich das mit dem Ankommen in der schulischen Realität, mit dem Älterwerden und dem Nahen der Pubertät doch gelegt. Die neuerliche Umstellung auf die neuen, höheren und vor allem vielfältigeren Anforderungen des Gymnasiums gelingt ihm nicht problemlos. Damit ist er in sehr zahlreicher Gesellschaft, wie ich aus meiner langjährigen Berufserfahrung weiß.

Und so haben wir in den ersten Wochen gemeinsam seinen - unglaublich schweren - Schulranzen gepackt, damit er auch alle Materialien dabei hatte, und ich habe immer wieder gefragt, ob auch alle Hausaufgaben erledigt sind. Letzteres war kein Problem, doch zum ersten Elternsprechtag habe ich erfahren, dass er doch öfter einmal Material für den Kunstunterricht nicht dabei hat und in Musik das Abbild der Unlust und Ablehnung ist. Er zeigt sein Desinteresse für dieses Fach so offen und ungeniert, dass die Lehrerin, eine Kollegin mit Jahrzehnten Berufserfahrung und dem Ruf, sich nicht sehr viel bieten zu lassen, mich sprechen wollte.

Jan muss also noch sehr viel lernen.

Er muss lernen, zwischen der Abneigung gegen etwas und der Abneigung gegen jemanden zu unterscheiden. Er muss lernen, dass er auf dem Gymnasium für gute Leistungen gute Arbeit leisten muss, was einschließt, die Nachmittage bei Bedarf mit Üben und Lernen zu verbringen, wenn Leistungskontrollen anstehen. Das ist er aus der Grundschule nicht gewohnt, und das ist wohl für ihn die größte Umstellung.

Er muss auch lernen, nicht jedes Wort auf die Goldwaage zu legen und alles persönlich zu nehmen. Das fällt ihm oft schwer, und er kann sehr gekränkt sein, wenn es Zoff auf dem Schulhof gab und er ein paar Schimpfwörter gefangen hat, die er selbst gern austeilt. Doch gelegentlich berichtet er mir auch von Zwischenfällen, wo er Ärger einfach hat an sich abperlen lassen. Vor allem ist er aus dem Alter herausgewachsen, wo er sich zu Blödsinn anstiften lässt. Das war in der Grundschule manchmal ein Problem, doch inzwischen kann er sicher und schnell zwischen Richtig und Falsch unterscheiden. Ein Mitschüler aus der Fremde, der meinem Sohn zwanzig

Euro dafür geboten hatte, dass er seine eigene Trinkflasche in der Toilette versenkt und damit einen massiven Schaden in dem Land anrichtet, das besagten Mitschüler aus der Fremde mit Familie aufgenommen hat und versorgt, hatte sich den Falschen ausgesucht. Und auch keinen Richtigen gefunden, soweit ich weiß.

Jan ist ein eher introvertierter Schüler. Er hat in der Grundschule gelernt, dass es nichts bringt, sich viel zu melden, und so tut er es nicht. Seine Mitarbeit dümpelt im befriedigenden Bereich, auch wenn ich denke, dass er mehr könnte. Er hat mir schließlich, nachdem ich ihn mehrfach nach den Gründen gefragt hatte, erzählt, dass einige Mitschüler ihn auslachen würden, wenn seine Antwort falsch wäre oder sie nur dächten, dass sie falsch sei. Deshalb würde er nur etwas sagen, wenn er sich hundertprozentig sicher sei, dass seine Antwort stimmt. Zudem weiß ich aus erster Hand, dass in der Klasse sehr oft große Unruhe herrscht, alles schwätzt, Kinder herumlaufen und überhaupt von Unterrichtsatmosphäre oder Lernumgebung keine Rede sein kann. Schule in Deutschland 2023 eben. Und da geht Jan aufs Gymnasium, nicht auf eine Real- oder gar Hauptschule.

Da er so introvertiert ist, kann er sich eigentlich sehr gut konzentrieren und war schon als kleines Kind dadurch aufgefallen, dass er stundenlang hoch konzentriert allein spielen konnte. Bei Lärm und Chaos allerdings ist mein Junge im Nachteil. Er kann dann schlecht arbeiten, da er es nicht ausblenden kann.

Einige seiner Lehrer versuchen ihn zu ermutigen, sich mehr zu beteiligen, doch die Erfahrungen aus der Grundschule und die Erlebnisse auf der neuen Schule sitzen tief. Vielleicht hilft das Aussortieren der Klasse nach dem Ende der sogenannten Orientierungsstufe, wenn beim Übergang von Klasse sechs zu Klasse sieben in der Regel mindestens eine, oft auch zwei ganze Klassen das Gymnasium verlassen müssen und aus fünf bis sechs fünften Klassen drei bis vier siebte Klassen werden. Zudem hoffe ich auf die geistige Reifung, doch erfahrungsgemäß ist die Pubertät eher nicht die Zeit überragender schulischer Leistungen und Anstrengungen.

Jans erstes Gymnasialzeugnis war für ihn eine große Enttäuschung. Für uns Eltern allerdings nicht. Wir hatten die gleichen Erfahrungen schon mit seinen großen Schwestern gemacht und wussten genau, was auf uns zukommen würde.

Jan hatte in der Mitarbeit die erwartete Note drei, im Verhalten allerdings auch, und das auf einer Skale, die nur bis vier reicht und auf der eine Note vier von der Klassenkonferenz schriftlich begründet werden muss und daher nur im Notfall vergeben wird, da sie noch einmal mehr Arbeit macht.

Die Fachnoten reichen von sehr gut bis zu ausreichend, und ich habe Jan klar gemacht, dass sich diese Noten ganz automatisch verbessern werden, wenn er es schafft, die Mitarbeit und das Verhalten auf Gut zu steigern.

Auffällig war zudem erneut, dass er in Kunst eine Drei und in Musik eine Vier hat, also in den beiden Fächern, mit denen er noch nie etwas anfangen konnte und bei denen er seine Abneigung am deutlichsten zeigt. Auch das habe ich ihm erklärt.

In Mathematik hat er eine Drei, was gegen eine Hochbegabung in diesem Bereich spricht, in Deutsch eine Zwei und in Englisch eine Eins. In Naturwissenschaften hat er eine Zwei, in Erdkunde allerdings eine Vier, was in sich nicht ganz logisch, aber eben so ist. Im Sport hat er eine Zwei, was unsere Erfahrung der letzten Jahre bestätigt, dass unser Sohn keinerlei motorische Auffälligkeiten aufweist. Überraschend war die Note zwei in Religion, einem Fach, das er ebenfalls nicht mag, wo er sich aber offenbar trotzdem Mühe gibt.

Und so hat er in diesem ersten Gymnasialzeugnis ein buntes Potpourri an Noten erreicht, nicht alle, aber viele davon im absolut grünen Bereich für uns Eltern.

Die weitere Entwicklung werden wir in aller Ruhe, und das meine ich wörtlich, abwarten. Wir haben unsere Mädchen als Vergleich, ich habe meine jahrelange Berufserfahrung in genau diesem Bereich, und so sind wir aufmerksam, aber gelassen, so wie bei unseren Töchtern, und handeln, wenn es Handlungsbedarf geben sollte.

10 - Schach

Mein Mann ist ein ganz passabler Schachspieler, der jahrzehntelang in einem Verein gespielt und auch an Turnieren teilgenommen hat. Er hat unserem Jungen die Grundlagen des Schachspiels beigebracht und ihn in einem Schachverein angemeldet, wo Jan einmal pro Woche mit anderen Kindern trainierte. Das war jedoch nach wenigen Wochen schon vorbei, als im Zuge des Corona - Lockdowns sämtliche Freizeitaktivitäten in Vereinen, wo Menschen, Kinder, Jugendliche sich treffen konnten, verboten wurden.

Und so nahm sich mein Mann der Sache an und lehrte unseren Sohn die Regeln des Schachspiels. Er spielte auch mit ihm, zeigte ihm Tricks und Kniffe, und vor allem ließ er ihn nicht gewinnen, sondern spielte so, dass Jan etwas lernte.

Schließlich war irgendwann auch der letzte Lockdown ausgestanden, und Jan konnte wieder zum Schachverein gehen. Er hat inzwischen verschiedene Diplome erworben und war auch auf einigen kleinen Turnieren, wo er sich unterschiedlich schlägt. Mal gewinnt er in wenigen Zügen gegen einen ungefähr Gleichaltrigen, mal muss er gegen einen alten Herrn antreten und verliert, oder auch umgekehrt. Die Gepflogenheiten des Schachsports sind mir nicht geläufig, so dass ich nicht weiß, ob es üblich ist, Spieler gegen einander antreten zu lassen, die einen Altersunterschied von einigen Jahrzehnten haben.

Auch hier muss mein Sohn noch lernen, sich nicht durch Niederlagen frustrieren oder entmutigen zu lassen. Hat er gewonnen, ist er bester Laune. Hat er jedoch verloren, ist er oft längere Zeit niedergeschlagen.

Das gilt sogar dann, wenn er am Handy gegen irgendjemanden aus dem Internet spielt. Meine Tochter Marie kam eines Tages ganz aufgelöst zu mir in die Waschküche, weil Jan in seinem Zimmer laut heulte und schrie. Als ich zu ihm gegangen bin, saß er völlig verquollen im Bett. Erst wollte er nicht herausrücken mit der Sprache, wahrscheinlich, weil es ihm dann doch peinlich war. Doch als ich nicht locker ließ, weil ich auch gar nicht wusste, was überhaupt der Auslöser für seine Verfassung sein könnte, verriet er mir dann doch, dass er mehrfach beim Schach übers Internet verloren hatte. Und sich dann eben abreagieren musste.

Frustrationstoleranz ist eines der Themen, die uns wohl noch eine Weile beschäftigen werden.

69

11 - Vom Würfeln und Zaubern

Zu seinem zehnten Geburtstag wünschte sich Jan einen sogenannten Zauberwürfel, den die Älteren unter uns noch aus den achtziger Jahren kennen.

Ich war verblüfft, weil er sich für Puzzles jeglicher Art nie interessiert hatte, im Gegensatz zu seinen beiden Schwestern. Ich kann mich an meine eigene Schulzeit erinnern, als wir uns auf dem Pausenhof gegenseitig beigebracht haben, den Würfel zu lösen und die nötigen Züge auswendig zu lernen. Doch diese Zeiten, in denen Zauberwürfeln cool war, liegen ja nun doch schon eine Weile zurück.

Wie dem auch sei, Jan wünschte sich einen Zauberwürfel und bekam ihn auch. Ich hatte aus dem Internet verschiedene Anleitungen zur Lösung herausgesucht und irgendwann auch die gefunden, die mir aus meiner Kindheit bekannt vorkam und nicht allzu umständlich war.

Mit dieser Anleitung haben Jan und ich dann in den ersten Tagen beide fleißig geübt. Es dauerte etwas, bis wir den Würfel zum ersten Mal gelöst hatten, denn bekanntlich reicht ein falscher Zug, um alles zu zerlegen und von vorn anfangen zu müssen. Doch nach circa zehn Tagen hatten wir den Bogen raus und Jan kam mit Anleitung ohne meine Hilfe zurecht und würfelte von da an allein.

Kurz darauf kam er dann abends zum Essen mit Würfel, aber ohne Anleitung, und löste ihn noch flugs vor dem Abendbrot. Er konnte die Anleitung auswendig.

Von da an versuchte er, Geschwindigkeitsrekorde beim Lösen des Würfels aufzustellen und sich selbst immer wieder zu unterbieten. Er kaufte sich einen Spezialwürfel für Wettkämpfe, die es offensichtlich immer noch gibt, einen besonders leichtgängigen Würfel, der nicht hakt oder klemmt. Und er tat etwas, das ich erst Monate später herausfand, als ich mir im Rahmen seiner logopädischen Therapie gegen das Lispeln von ihm erklären lassen habe, wie er den Würfel löst.

Seine Methode war inzwischen eine andere, und er schaute beim Drehen der Ebenen kaum noch auf den Würfel. Ich fragte ihn, wie er das macht, und er erklärte mir etwas vom *muscle memory*, dem Muskelgedächtnis, bei dem sich das Gehirn automatisierte Bewegungsabläufe einprägt. Er benutzte das englische Wort, und als ich ihn fragte, wo er die neue Methode gelernt hatte, sagte er, es gebe dazu Videos auf der großen Videoplattform, die er mir auch zeigte.

Diese Videos sind allerdings auf Englisch. Jan war zu diesem Zeitpunkt am Ende des vierten Schuljahres, hatte also so gut wie kein Englisch gehabt, schon gar nicht auf dem Niveau, muttersprachliche Erklärvideos zu schauen. Und trotzdem verstand er, was gesagt und erklärt wurde, und konnte es nachmachen. So lernte er auf und mit der großen Videoplattform das speed cubing und beglückt mich jetzt alle paar Tage mit einem neuen Rekord beim Lösen des Würfels. Aktuell steht seine persönliche Bestleistung bei zwanzig Sekunden.

Da er sich auch andere englischsprachige Filmchen anschaut, die ihn interessieren, und seine älteren Schwestern inzwischen ein gepflegtes Denglisch untereinander reden, ist er im Englischen seinem Alter und dem Niveau des Anfängerunterrichts in Klasse fünf ein gutes Stück voraus.

Zu Weihnachten im elften Lebensjahr bekam er einen Würfel mit nur zwei Ebenen, den er auf Anhieb lösen konnte. Jetzt bleibt nur noch der mit vier Ebenen, den er schon hat, an dem er sich bisher aber bis auf eine Ebene, die er ohne Anleitung lösen konnte, noch nicht versucht

hat.

73

12 - Medizinische Erkenntnisse

Wir schreiben inzwischen das Jahr 2023, und nach Jahren der Abstinenz habe ich mich für dieses Büchlein wieder einmal mit dem Stand der Wissenschaft zum Thema isolierter Balkenmangel beschäftigt.

Auffällig ist, dass es immer noch sehr viele Seiten im Internet gibt, die sich in Katastrophenszenarien ergehen, wohingegen es kaum Seiten gibt, die sich explizit mit dem *isolierten* Balkenmangel befassen. Wahrscheinlich hat das eine mit dem anderen unmittelbar zu tun. Balkenmangel als Teil eines Fehlbildungssyndroms, einer genetischen Abweichung wie zum Beispiel einer Chromosomenanomalie, oder auch des fetalen Alkoholsyndroms, wenn die werdende Mutter während der Schwangerschaft getrunken hat, ist nicht mit dem isolierten Auftreten vergleichbar.

Vieles von dem, was man im deutschsprachigen Netz findet, ist zudem mehrere Jahre alt. Neuere Forschungen konnte ich zumindest kaum finden.

Dennoch möchte ich hier gern einige Erkenntnisse

vorstellen, mit den jeweiligen Quellen, und den interessierten Leser einladen, sich auf den genannten Seiten selbst ein umfassendes Bild zu machen.

Beginnen möchte ich mit einer Seite des Thieme Verlags, _thieme-connect.de_.

Dort wurde eine Studie aus dem Jahr 2018 veröffentlicht, die zwar ohne Anmeldung nicht als Ganzes herunterladbar ist, deren Zusammenfassung aber für jeden abrufbar ist. Der Titel der Zusammenfassung lautet: _Der isolierte Balkenmangel hat langfristig eine gute Prognose._

Im Fazit dieser Zusammenfassung finden sich folgende Informationen:

"Über eine Periode von insgesamt 24 Jahren hatte die ACC (Agenesie des Corpus callosum, Anm. der Autorin) insgesamt eine günstige neuropsychologische Prognose. 88% der Erkrankten wiesen keine oder nur geringe Einschränkungen auf. [...]"

Diese 88 Prozent Kinder mit völlig oder so gut wie normaler Entwicklung werden durch eine Veröffentlichung der Seite _pubmed.gov_ _(pubmed.ncbi.nim.nih.gov)_ bestätigt, einer offiziellen Seite der US-Regierung. Der Titel des Artikels lautet _Long-term outcome of consecutive_ *case series of congenital isolated agenesis of corpus callosum.*

Auf der Seite des Wörterbuches der klinischen Medizin, *Pschyrembel.de*, findet sich unter Balkenagenesie die Auskunft: "Die isolierte Balkenagenesie ist häufig symptomlos."

Auf der Seite *Balkenmangel, na und?* finden sich ebenfalls viele nützliche Informationen, und betroffene Eltern können sich über die Kommentarfunktion am Ende der Seite austauschen. Allerdings ist hier Vorsicht geboten, denn ein Teil der Informationen ist mehr als zehn Jahre alt und entspricht nicht mehr dem, was inzwischen zu dem Phänomen Balkenmangel erforscht wurde.

Je aktueller die Informationen, desto günstiger fallen die Prognosen aus. Da die Diagnostik einer Balkenfehlbildung erst seit den neunziger Jahren überhaupt möglich ist, sind Langzeitstudien zum isolierten Balkenmangel demnach erst in den letzten Jahren zu verlässlichen Ergebnissen gekommen, und einen Teil dieser Ergebnisse habe ich oben dargestellt.

Schlusswort

Mein, unser Balkenjunge ist inzwischen fast elf Jahre alt. Er ist so normal, wie Elfjährige sein können. Er kann ohne sein Handy nicht überleben, daddelt gern am Tablet, findet Schule nicht besonders cool und die meisten Lehrer auch nicht, zankt sich mit seinen Schwestern, fängt an zu pubertieren und testet die Grenzen seiner Eltern aus, kann Unmengen an Essen verdrücken, ohne auch nur ein Gramm zuzunehmen.

Er ist nicht der sportliche Typ, trotz seiner Zwei im Sport, sondern eher der Typ Nerd: Jan ist von der Konstruktion ausgefallener Lego - Kunstwerke nahtlos auf das Lösen diverser Zauberwürfel umgestiegen, und er spielt Schach. Das sind Aktivitäten, für die man kaum Freunde braucht, weil man sie gut allein oder eben zu zweit betreiben kann. Und Jan tut sich schwer mit dem Freunde finden. Aber er weiß es, und er hat seinem Großvater schon zu Grundschulzeiten in einem typischen altklugen Jan - Satz erklärt, er, Jan, müsse seine sozialen Fähigkeiten entwickeln. Das stimmt. Und wir arbeiten daran, mit ihm gemeinsam.

Wir haben also neben einer schon sehr erwachsenen, manchmal etwas schüchternen Teenagertochter eine weitere, sehr extrovertierte, sehr pubertierende Tochter und unseren etwas introvertierten Sohn.
Eine sehr interessante Mischung.

Wir sind zuversichtlich, dass alle unsere Kinder ihren Weg gehen werden, und wir begleiten sie, so wie sie es brauchen.
Ob Jan einmal Archivar, Architekt oder am Ende vielleicht doch Pilot wird, oder ob er uns mit einem Beruf überraschen wird, auf den wir überhaupt nicht gekommen wären, wird die Zukunft zeigen.
Wenn er alt genug ist, werden wir ihm von seiner Balkengeschichte erzählen, doch das hat noch einige Jahre Zeit. Da das Fehlen oder vielleicht auch Nicht-Fehlen seines Balkens für ihn völlig ohne Belang ist, haben wir damit keine Eile. Seine Lehrer, Klassenkameraden, Freunde, seine Schwestern und der Großteil der Familie ist ebenfalls nicht darüber informiert und wird es auch nicht.

Ich hoffe, mit diesem weiteren kleinen Büchlein betroffenen Eltern helfen zu können, eine für sie richtige Entscheidung zu treffen, wenn sie mit der Diagnose eines isolierten Balkenmangels bei ihrem Ungeborenen konfrontiert werden. Nehmen Sie sich Zeit, informieren Sie sich, holen Sie sich verschiedene Meinungen ein und hören Sie auf ihren Bauch, im wörtlichsten Sinn.

Vertrauen Sie sich.

Sie werden die richtige Entscheidung treffen.